人生の成功とは何か

最期の一瞬に問われるもの

田坂広志

PHP文庫

○本表紙図柄＝ロゼッタ・ストーン（大英博物館蔵）
○本表紙デザイン＋紋章＝上田晃郷

人生の成功とは何か

目次

勝者の限界　／　「集団競争の勝利」から「人間関係の疎外《そがい》」へ

なぜ、「勝者の思想」は「達成の思想」へと成熟していくのか

喜びの成熟　／　「喜びの奪い合い」から「喜びの高め合い」へ

基準の成熟　／　「他人の目による評価」から「自分らしさの表現」へ

戦いの成熟　／　「他者との戦い」から「自己との戦い」へ

「達成の思想」を抱いて歩むとき、見えてくる限界とは何か　92

達成の限界　／　「才能と努力」から「境遇と運命」へ

目標の限界　／　「目標の達成」から「達成後の目標」へ

意欲の限界　／　「欠乏感の意欲」から「感謝の意欲」へ

なぜ、「達成の思想」は「成長の思想」へと深化していくのか　114

「人生の成功」とは何か

「人生の成功」とは何か。

それは、多くの人々にとって、大切な問いです。
誰もが、かけがえのない人生を、生きている。
そして、誰もが、人生の成功を願って、生きている。
だから、この問いは、誰にとっても、大切な問い。

では、我々は、この問いを、
どれほどの深みで問うているでしょうか。

そのことを教えてくれる、一つの物語を紹介しましょう。
「永劫回帰《えいごうかいき》」の物語です。

かつて、ドイツの哲学者、ニーチェが語った思想に、
「永劫回帰」という思想があります。
この思想は、難解な思想ですが、
その思想が深く問うていることは、
一つの素朴な物語として語ることができます。

それは、我々が、人生を終えようとするとき、
その臨終のときの物語です。
この物語の場面に、思いを馳《は》せながら、聞いていただきたい。

我々が、この人生において、
様々な人々と巡り会い、様々な運命が与えられ、
その人生を精一杯に生きていく。
そして、いつか、その人生の終わりがやってくる。

その人生の最期のとき、
不思議な人物が、我々の側《そば》に現れる。
そして、その人物は、
我々に対して、こう問いかける。

「いま、一つの人生を終えようとしている、おまえ。
もし、おまえが、この人生とまったく同じ人生を、

もう一度生きよと問われたならば、
然《しか》り、と答えることができるか。

いや、さらに、
もし、おまえが、この人生とまったく同じ人生を、
何度も、何度も、永遠に生きよと問われたならば、
然り、と答えることができるか。

その永劫に回帰する人生を、
喜んで受け入れることができるか」

その不思議な人物は、
我々に対して、そう問いかける。

これが「永劫回帰」の物語です。

そして、もし我々が、人生の最期に、
この不思議な人物からの問いかけに対して、
「然り」と答えることができるならば、
それは「成功した人生」。
「素晴らしい人生でした。
喜んで、この人生をもう一度生きましょう」
と答えるならば、
それは「最高の成功を遂げた人生」でしょう。

しかし、この問いに対して
「然り」と答えることは難しい。

なぜなら、我々の人生には、
苦労や困難、失敗や敗北、挫折や喪失が、
必《かなら》ず、あるからです。

例えば、
経済的な貧困という苦労。
長い闘病生活という困難。
大切な受験における失敗。
社内の競争における敗北。
人生を賭した事業の挫折。
若くして両親を失う喪失。

人生には、必ず、そうした出来事があるからです。

では、我々は、人生における
そうした不運な出来事、不幸な出来事にもかかわらず、
いかにして、「人生の成功」を得ることができるのでしょうか。
そして、この不思議な人物の問いに対して、
「然り」と答えることができるのでしょうか。
これから、そのことを考えてみましょう。

しかし、そのことを考えるためには、
先ほどの「人生の成功とは何か」という問いを、
正しい形容句とともに、問わなければなりません。

あなたにとって、人生の成功とは何か。

この「あなたにとって」という言葉が、大切です。

たしかに、いま「成功」という言葉が世に溢れています。
テレビやウェブ、新聞や雑誌、書籍を見ると、
『成功の鍵』『成功の秘訣』『成功の方法』という言葉が溢れ、
誰もが「人生の成功」を願い、一生懸命に歩んでいます。
しかし、残念ながら、我々は、しばしば、
世間一般に語られる「人生の成功」のイメージを
疑問を持つことなく受け入れ、
「自分にとって、人生の成功とは何か」を問うことを
忘れてしまいます。

しかし、この問いに対する答えが、分かれ道。

この問いに対して、どう答えるかが、
我々の人生の「生き甲斐《がい》」を大きく分けてしまう。
そのことに気がつかなければならないでしょう。

だから、アメリカの初等教育においては、
このことの大切さを、次の言葉で教えています。

Define your own success.

これは、「あなた自身の成功を定義しなさい」という意味。
しかし、この言葉に続いて、次の言葉も教えています。

Find your own uniqueness.

これは、「あなた自身の個性を発見しなさい」という意味です。

すなわち、我々が、もし本当に、
「人生の成功」の意味を考えたいのであれば、その前に、
「自分の個性」を見出さなければならない。
「自分らしさ」を見出さなければならない。
そのことを教えているのです。

では、あなたにとっての「自分らしさ」とは何か。
そして、あなたにとっての「人生の成功」とは何か。

この問いを、できることならば、
若くして自らに問うことが大切。

もし、あなたが、
これから、長き人生の道を歩み始めるならば、
いま、この問いを、深く自らに問い、
自分にとっての「人生の成功」の意味を定めるべき。
そのとき、あなたは、世の中の風潮に流されることなく、
自分にとって本当に「生き甲斐」ある道を
歩んでいくことができるでしょう。

しかし、もし、あなたが、
すでに長い年月、一つの人生を歩んできたならば、
その年月を振り返りながら、
改めてこの問いを、心中深く問うことにも、意味がある。

なぜなら、ときに、「失敗した人生」と思っていたものが、
そうではなかったことに、気がつくかもしれない。
そして、ときに、
その逆の真実に、気がつくかもしれない。

いずれにしても、
この問いを、心中深く問うことによって、
自分の人生を新たな視点から見つめ直し、
残された人生の時間を、
豊かな時間として、生きていくことができるでしょう。

だから、この問いは、最も大切な問い。

「人生の成功」とは何か。

過去、多くの人生論において、
この問いに対する様々な答えが語られてきました。
この問いに対する様々な思想が語られてきました。

それらの思想を振り返るならば、
そして、それらの思想の本質を見つめるならば、
世の中には、この「人生の成功」について、
「三つの思想」が存在することに気がつきます。

そして、それら「三つの思想」は、
決して、相対立する思想ではありません。

それは、我々の心の中に、同時に存在している思想です。
そして、年月をかけて、成熟し、深化していく思想です。

それは、あたかも、
階段を、一段、一段と、深みに降りていくように、
我々が人生において、年齢と経験を重ねるにしたがって、
一つの思想から、もう一つの思想へと成熟し、
さらにもう一つの思想へと深化していくものです。

その「三つの思想」について、
そして、その成熟と深化について、
これから語りましょう。

なぜ、我々は「勝者の思想」を抱いて歩み始めるのか

では、その「三つの思想」のうち、
我々が、人生の最初の時期に影響を受ける思想は、何か。

「勝者の思想」です。

この思想を特徴づけるのは、
「競争」という言葉。

この「勝者の思想」は、

人生を「競争」と考え、
その競争において「勝者」となることを
人生の成功と考える思想です。

特に、この「勝者の思想」は、我が国においては、
物心ついたときから、我々の心に刻みつけられています。
子供の頃から「受験教育」や「偏差値教育」という
厳しい競争の中に投げ込まれ、
その競争に勝つことが人生の成功につながると、教えられてきた。
そして、競争とは、
成績などの客観的な指標によって
人間の優劣をつけることであると、教えられてきた。

そのため、我々は、人生の最初の時期から、
この「勝者の思想」に、最も深く影響を受けて育ってきました。

しかし、これは、決して、
子供たちや若い世代だけが影響を受けている思想ではありません。
これは、いま、世の中の多くの人々が影響を受けている思想、
いま、世の中に溢れている思想でもある。

なぜなら、これまで、社会全体が、
「競争社会」へと向かってきたからです。
国全体の構造改革の推進。
社会への市場原理の導入。
企業での競争原理の徹底。

そうした大きな流れの中で、これまで、
「競争が社会を良くする」との思想が、
世の中に広く浸透してきました。

これには、一つの必然性がありました。
なぜなら、これまでの我が国においては、
受験教育などでは徹底的な競争を強《し》いる一方で、
社会全体は、「あまり競争の無い社会」であり、そのため、
労働意欲の減退や生産性の低下、そして、企業文化の劣化などが
深刻な問題となってきたからです。
そのことへの反省として、
社会の各分野で「競争原理」の重要性が強調され、
その導入が図られたことには、それなりの必然性がある。

しかし、我々が、この「競争原理」を社会に導入するとき、そこに大きな落し穴があることに気がついていなければならないでしょう。

それは、何か。

「人間観」の貧困です。

「人間観」とは、人間というものをどう見るかということ。

その「人間観」の貧困という落し穴に陥《おちい》ってしまうのです。

なぜなら、「競争原理」を社会に導入するとき、我々は、無意識に、寂しい人間観を抱いてしまうからです。

例えば、「人間はなぜ、一生懸命に働くのか」という問い。

この問いに対する答えは、一つの「人間観」を表明するものですが、
「競争原理」を導入するとき、我々は、
無意識に、寂しい人間観を抱いてしまいます。

「人間は、競争に駆り立てられなければ、一生懸命に努力しない」

その人間観を抱いてしまうのです。
そして、その結果、「競争原理」の導入とともに、
この人間観が、社会全体に強い影響力を持って広がり、
もう一つの大切な人間観が、見失われてしまう。

それは、何か。

「人間は、素晴らしい夢を心に抱いたとき、一生懸命に努力する」

その人間観です。

人間が一生懸命に働くのは、
競争に駆り立てられたときだけではない。
素晴らしい夢を心に抱いたとき、
人間は、他から強制されなくとも、
自分自身の意志で、一生懸命に働き、
自分自身も驚くほどの、大きな力を発揮する。

我々は、いま、「競争原理」の導入という時代の流れの中で、
その豊かな人間観を、見失いつつある。

もし、我々が、この国の政治家や企業の経営者など、
社会のリーダーの立場にあるならば、
そのことに気がつかなければならない。

そして、もしそのことに気がつくならば、
社会の生産性の低下を憂《うれ》い、社員の労働意欲の減退を嘆《なげ》いて、
ただひたすらに「競争原理」の導入を図る前に、
もう一つの大切なことを、自らに問うべきでしょう。

政府の政策は、国民が将来への夢を描けるものになっているか。
企業の経営は、社員が未来への夢を抱けるものになっているか。

そのことを問うべきでしょう。

しかし、残念ながら、いま、世の中に溢れるのは、
「競争が社会を良くする」という索莫《さくばく》としたメッセージであり、
国民が「生き甲斐」を感じ、社員が「働き甲斐」を感じる
希望に満ちたメッセージは、聞こえてこないのです。

そのことは、この「競争が社会を良くする」という言葉とともに、
これまで世の中に溢れてきた「三つの言葉」が、象徴しています。

「生き残り」
「勝ち残り」
「サバイバル」

例えば、テレビやウェブ、新聞や雑誌、書籍を見ると、
こうしたメッセージが溢れている。

「こんな会社は生き残れない」
「こんな組織は勝ち残れない」
「こんな社員はサバイバルできない」

これらのメッセージの奥から伝わってくるのは、
我々が一生懸命に働くのは、
競争社会で生き残るため、
勝ち残るため、
サバイバルするためという
寂しい思想です。

しかし、我々が一生懸命に働くのは、
決して、生き残るためではない、
勝ち残るためではない、
サバイバルするためではない。

もっと素晴らしい何かのために、
我々は、こうして一生懸命に働いているのでしょう。

そして、だからこそ、
仕事の世界には、
「夢」という言葉や「理念」という言葉、そして、
「志」という言葉や「使命」という言葉があるのでしょう。

しかし、「競争原理」の導入という大きな流れの中で、
我々は、こうした希望に満ちた言葉を、忘れてしまった。

そして、「競争原理」が徹底していく社会において、
我々の意識に刷り込まれていくのが、
「競争の勝者＝人生の成功者」という素朴な発想です。

この発想は、
その素朴さと分かりやすさゆえに、
多くの人々が影響を受け、
それゆえに、
我々の心の奥深くに入り込んでくる。

なぜなら、我々は「孤独」に耐えられないからです。

いかに、「あなた自身の個性を発見しなさい」、
そして、「あなた自身の成功を定義しなさい」と言われても、
それは容易ではない。

そもそも、
「自分の個性」を発見するということ、
「自分らしさ」を見出すということが、難しい。
特に、「個性」を抑圧することを無意識に求められてきた
我が国の社会風土の中では、難しい。

そして、かりに、「自分自身の個性」を発見し、
「自分自身の成功」を定義したとしても、
その「生き方」を貫くことが、難しい。

その「生き方」を貫くことは、
厳しい「孤独」との戦いを
強いられるからです。

そのことを教えてくれる、一つの寓話《ぐうわ》があります。

「一つ目国の悲劇」という寓話です。

紹介しましょう。

ある旅人が、旅の途中で道を見失い、
不思議な国に迷い込んでしまいました。

その国は、一つ目人間の国だったのです。

その国の住人は、誰もが、目が一つしかない人々であり、
旅人のように目が二つある人間は、一人もいなかったのです。

その国に迷い込んだ当初、
旅人は、変わった風貌《ふうぼう》の住人を見て驚き、
そして、しばらくは、

彼らを不思議に思って眺めていました。

しかし、その国でしばらく過ごすうちに、
旅人は、だんだん孤独になってきました。

自分だけが二つの目を持つことが
異常なことのように思われてきたのです。

そして、その孤独のあまり、
ついに、その旅人は、
自ら、片方の目をつぶし、一つ目になったのです。

この旅人の悲劇は、決して、
遠い彼方《かなた》の国の物語ではありません。

なぜなら、
我々も、しばしば、
この旅人のように、
自ら、片方の目をつぶそうと考えてしまうからです。

自分自身であることの孤独。

そのことに、耐えられず、
自分自身であることを
やめようと考えてしまうのです。

そして、この寓話のごとく、
多くの人々が「競争の勝者＝人生の成功者」と考え、
「競争の勝者」になることが「人生の成功」であると考える社会において、
「自分自身の個性」を発見し、
「自分自身の成功」を定義して生きていくことは、
厳しい「孤独」との戦いを強いられるのです。

そこに、この「勝者の思想」の影響力の強さが、ある。

そして、その影響力の結果、
いま、テレビやウェブ、新聞や雑誌、書籍に溢れるのは、
「いかにして勝者になるか」
「いかにして勝ち組になるか」というメッセージです。

では、ここで語られる「競争の勝者」とは、何か。

この「勝者」の定義もまた、
素朴な定義であり、分かりやすい定義です。

この「競争社会」において、「勝者」の定義は三つ。

第一は、「経済的勝者」と呼ぶべきものであり、
他人よりも高い給料や年収を得ること。
第二は、「地位的勝者」と呼ぶべきものであり、
他人よりも高い役職や地位に就くこと。
第三は、「名声的勝者」と呼ぶべきものであり、
他人よりも高い名声や名誉を得ること。

すなわち、これら三つの定義は、
古くから「金と地位と名声」と言われてきたものであり、
誰にとっても素朴で分かりやすい定義です。

そして、この三つの定義における「勝者」となるために、
いま、多くの人々が影響を受けている言葉がある。

「自分の商品価値を高める」

その言葉です。

この言葉は、すべてを「商品」としていく
資本主義社会においては、
抗《あらが》いがたい力をもって迫ってくる言葉です。

しかし、この言葉に駆り立てられ、
自分の「商品価値」を高めようと悪戦苦闘するある日、
ふと、我々は、当たり前の事実に気がつきます。

人間は、商品ではない。

その事実に気がつくのです。

しかし、いまも、多くの人々が、
この「競争社会」において「勝者」となることをめざし、
自分の「商品価値」を高めるために、専門知識を身につけ、
スキルを磨き、仕事の実績を挙げ、
誰よりも早く「キャリア・アップ」することをめざしている。

「勝者の思想」は、いま、
それほどに強い影響力を持っているのです。

「勝者の思想」を抱いて歩むとき、見えてくる限界とは何か

しかし、この「勝者の思想」を心に抱き、
「人生の成功」を求めて歩んでいくとき、
我々には、必ず、この思想の限界が見えてきます。
それは、なぜか。

誰もが認めざるを得ない
一つの事実があるからです。

「勝者になれるのは、一握りの人間だけである」

その冷厳な事実があるからです。
そして、それは、競争社会の本質でもある。

「誰かが勝者になれば、必ず、誰かが敗者になる」
「誰かが何かを得れば、必ず、誰かが何かを失う」

それが、この競争社会の本質です。
そして、この本質は、別の言葉でも表現できる。

「誰かが喜びを得れば、必ず、誰かが喜びを失う」

それもまた、競争社会の冷厳な事実でしょう。

例えば、競争社会の「経済的勝者」の条件である「給料」や「年収」。
かつて、高度経済成長の時代、経済全体が成長する時代には、
「全員の給料が上がる」という幻想が成立した。
しかし、現在の低経済成長の時代には、それは不可能です。
すなわち、誰かの給料が上がれば、必ず、誰かの給料が下がる。
それが、企業社会における現実となっています。

また、例えば、「地位的勝者」の条件である「役職」や「地位」。
かつて、企業の雇用拡大の時代、人員が定期的に採用される時代には、
「全員が昇進する」という幻想が成立した。
誰でも、一定の年齢になれば、肩書が付き、部下を持つことができた。
しかし、現在の企業の人員削減の時代には、それは不可能です。

すなわち、誰かが役職に就けば、誰かは役職に就けない。
いや、それればかりか、いまでは、
「正社員」という肩書さえ持つことが難しい時代となっている。

このように、当然ながら、競争社会においては、
全員が勝者になることはできない。
勝者になれるのは、一握りの人間だけである。
その冷厳な事実が、存在するのです。

そのため、この「勝者の思想」を抱いて歩むかぎり、
一握りの人間は「勝者の喜び」と「勝利の満足」を味わうことができるが、
数多くの人間は「敗者の悲嘆」と「敗北の寂寥《せきりょう》」を味わうことになる。
それが、認めざるを得ない現実なのです。

しかし、この「勝者の思想」は、
若手の世代には魅力的に映る思想です。
それは、なぜか。

若手の世代は、まだ競争社会での勝敗が決まっていないからです。

だから、この世代は、誰もが一つの幻想を抱ける。
「どれほど競争が厳しくとも、きっと自分だけは勝者になれる」

その期待と幻想を抱けるのです。

そして、若手の世代が抱くこの期待と幻想を支えるのが、世の中の雑誌や書籍に溢れる数々のメッセージです。
『あなたも成功できる』『誰でも成功できる』
そういったテーマやタイトルの雑誌や書籍が、
書店に積み上げられています。

これに対して、年配の世代は、
この「勝者の思想」に、期待と幻想を抱くことはできません。
なぜなら、この世代は、すでに競争の勝敗が決まりつつあるからです。
そのため、年配の世代にとって、この「勝者の思想」は、
期待と幻想よりも、幻滅と寂寥を感じる思想となってくる。
しかし、年配になっても、熱い言葉で「勝者の思想」を語る人がいます。
それは、すでに誰もが認める勝者となった人か、
いまだ勝者になる可能性を信じられる人でしょう。

しかし、この「勝者の思想」の落し穴は、
「勝者になれるのは、一握りの人間」という
冷厳な事実だけにあるのではない。
この「勝者の思想」には、もう一つの大きな落し穴があるのです。
それは、何か。

「勝者になっても、成功の喜びを感じることができない」

その問題に直面するのです。
では、これは、どのような問題か。
三つの問題です。
この競争社会においては、たとえ勝者となっても、
三つの問題に直面するのです。

「競争の勝利」から「果てしない競争」へ

第一の問題は、何か。

「果てしない競争」

その問題です。
なぜなら、それが「競争社会」だからです。

「競争社会」の本質は、
「競争すること」が求められる社会ではありません。
「競争し続けること」が求められる社会なのです。

「競争社会」の仕組みの中では、
「競争を通じて人間を駆り立てる」という原理が徹底しているため、
一つの競争において勝者になっても、
ただちに、さらに上位の競争への参加を余儀なくされます。

その結果、この競争社会において、我々は、
その競争での「勝者の喜び」を味わうのは一瞬であり、すぐに、
次の競争での「敗者となる脅威」にさらされることになります。

例えば、企業においては、
激烈な競争に勝ち抜いてマネジャーになったら、
次は、部長のポストをめぐっての競争へ。
そして、厳しい戦いに勝って部長のポストを得たならば、

次は、役員に残るための競争へと駆り立てられます。

このように、競争社会において、我々は、
もし努力と幸運によって「勝者」となることができても、
それは、ひとときの喜びと、つかのまの安らぎを与えてくれるだけであり、
すぐに、さらに厳しく、果てしない競争へと駆り立てられることになります。

「勝者の喜び」から「精神の荒廃」へ

そして、このことによって、我々は、第二の問題に直面します。

「精神の荒廃」

すなわち、この競争社会では、
仮に、一つの競争で勝者になったとしても、「精神的な充足」がやってくるよりも、むしろ、「精神的な荒廃」がやってくる可能性が高いのです。

その荒廃は、しばしば、次のような形でやってきます。


まず、それは、最初に「強迫観念」の形でやってきます。

一つの競争で勝者になっても、次の競争が待っている。

そして、その競争では、今度は自分が敗者となるかもしれない。

その脅威は、意識の奥深くの「強迫観念」として、我々の心を苛《さいな》み、心のゆとりを失わせていきます。

そして、その「心のゆとりの喪失」は、多くの場合、
「思いやりの喪失」となって表れます。
自分が一つの競争で勝者になったとき、
その一方で、誰かが敗者となっている。
もし、それが爽やかなスポーツの世界ならば、
我々は、この場面で、敗者に対して
配慮や思いやりを持つことができるのでしょう。
しかし、生々しいビジネスの世界では、
次の競争で自分自身が敗者となることへの脅威で、
心のゆとりは失われている。
そのため、敗者に対する思いやりの心は失われていきます。

いや、それだけではない。

競争社会における勝者は、
敗者への思いやりの心を失うだけでなく、
ときに、その逆の姿を示すことがある。

「勝者の驕《おご》り」です。

しかし、それは、実は、
「勝者になった慢心」から生まれるのではない。
その逆です。
「敗者になることへの不安」から生まれてくる。

人間は、心の奥深くに不安を抱くと、
それを打ち消すために、

自分の強さを誇示し、確認したくなる。
それが、「勝者の驕り」の奥底にある
我々の無意識の姿でしょう。

「集団競争の勝利」から「人間関係の疎外《そがい》」へ

そして、こうした「精神の荒廃」が
しばしばもたらすものが、
第三の問題です。

「人間関係の疎外」

競争社会は、
人間同士を徹底的に競わせる社会であるため、
人間同士の深い結びつきが生まれにくい社会であり、
人間同士の結びつきが壊れやすい社会です。

例えば、徹底的な競争原理によって勝敗が決まる職場においては、
職場の同僚は、上司や部下でも、誰もが、ある意味で競争相手であり、
同僚が成果を挙げて評価を得るということは、
自分の相対的な評価が下がるということを意味しています。
そのため、こうした職場では、
同僚が仕事で成果を挙げることを心から祝福する空気は生まれず、
また、互いに知識やスキルを教え合うという文化も生まれません。

そして、こうした職場において、勝者となるということは、職場の同僚が勝者となる可能性を奪うということであり、そこには、心の深い世界で、嫉妬《しっと》や羨望《せんぼう》、反発や冷笑が生まれます。その空気の中で、もし勝者となった人間が、「敗者への思いやり」を失い、さらに「勝者の驕り」を抱くならば、その職場の人間関係が、どのような形になっていくかは、火を見るよりも明らかでしょう。

徹底的な競争原理を導入した企業で、一生懸命に成果を挙げて、マネジャーへと昇進した人物が、ふと周りを見渡すと、昨日まで仲良く話をしていた同僚の視線が冷たくなっていることに気がついた。

こうしたエピソードは、競争原理を導入した企業において
決して珍しくありません。

そして、こうした
「果てしない競争」
「精神の荒廃」
「人間関係の疎外」
という三つの問題は、
単に企業の職場においてだけでなく、
同様の競争原理を導入した社会の隅々において、
生まれてくる事態なのでしょう。

これが、「勝者の思想」が直面する三つの問題です。

そして、この三つの問題の背景には、すでに述べたように、
競争原理の社会に存在する、冷厳な事実があります。

「勝者になれるのは、一握りの人間だけである」

「誰かが勝者になれば、必ず、誰かが敗者になる」
「誰かが何かを得れば、必ず、誰かが何かを失う」
「誰かが喜びを得れば、必ず、誰かが喜びを失う」

その冷厳な事実です。

そして、この冷厳な事実と、
そこから生まれてくる三つの問題は、

「勝者になっても、成功の喜びを感じることができない」

という寂しい現実を生み出していきます。

このように、「勝者の思想」を抱いて歩むとき、我々は、
この競争社会における寂しい現実に直面し、
この思想によって「人生の成功」をめざしても、
本当の「成功の喜び」を味わうことはできないことに
気がつくのです。

では、そのことに気がつくとき、
我々の思想は、

いかなる思想へと成熟していくのでしょうか。

なぜ、「勝者の思想」は「達成の思想」へと成熟していくのか

「勝者の思想」がこうした問題に直面するとき、
我々の中では、自然に、
さらに成熟した思想が芽生えてきます。
それは、何か。

競争での「勝敗」に左右されない思想です。

「勝者の思想」を抱いて歩むかぎり、
我々は、根本的な問題に直面します。

「競争で勝者となれるのは、一握りの人間だけである」

「その競争に勝ったとしても、さらなる競争に勝ち続けなければならない」

「それらの競争で勝ち続けたとしても、本当の成功の喜びは得られない」

そうした問題に直面します。

そして、この問題が、
「競争」において「勝者」となることを前提とするかぎり、
決して避けられないことを知るとき、
我々は、そうした「勝敗」に左右されない思想を
求めるようになります。

では、それは、いかなる思想か。

「達成の思想」です。

この思想を特徴づけるのは、
「目標」という言葉。

この「達成の思想」とは、
人生において「目標」を定め、
それを「達成」することを
人生の成功と考える思想です。

言葉を換えれば、
自分にとって価値ある「目標」を定め、
その目標を「達成」することによって

成功の喜びを得る思想です。

これは、人生というものを、
山の頂《いただき》をめざして登っていく「山登り」に喩《たと》えるならば、
分かりやすい。

これまで述べてきた「勝者の思想」とは、
他の登山家との競争をしながら、
誰よりも早く頂に辿《たど》り着くことを喜びとする思想です。
そして、誰よりも高い山に登ることを喜びとする思想です。

これに対して、「達成の思想」とは、
他の登山家との勝敗にこだわることなく、

自分自身のベストを尽くして登り続け、
その山の頂に辿り着くことそのものを喜びとする思想です。
そして、自分自身が登ろうと考えた山の頂に辿り着くことを人生の成功と考える思想です。

では、この「達成の思想」は、いかなる意味で、「勝者の思想」よりも成熟した思想なのか。

それは、三つの意味で、成熟した思想といえます。

「喜びの奪い合い」から「喜びの高め合い」へ

第一に、「勝者の思想」というものが、ある意味で、

「喜びの奪い合い」の思想であるのに対して、
この「達成の思想」は、
「喜びの高め合い」を可能とする思想だからです。

すでに述べたように、
「勝者の思想」とは「競争」が前提となる思想です。
そして、「競争」の本質とは、

「誰かが勝者になれば、必ず、誰かが敗者になる」
「誰かが何かを得れば、必ず、誰かが何かを失う」
「誰かが喜びを得れば、必ず、誰かが喜びを失う」

というものです。

そのため、「勝者の思想」を抱いて生きるとき、
我々は、それを意識する、しないにかかわらず、
多くの人々との間で、「勝者の喜び」という喜びの
「奪い合い」をすることになってしまいます。

これに対して「達成の思想」は、
「競争」を前提とするものではないため、
こうした「喜びの奪い合い」をする必要はありません。
いや、それだけではない。
むしろ、「喜びの高め合い」ができるのです。
多くの人々との間で、互いに励まし合い、支え合い、
ともに目標を達成して、
ともに「達成の喜び」を得ることができる思想でもあるのです。

この「勝者の思想」から「達成の思想」への成熟は、
しばしば、仕事の世界における
我々の心の姿勢としても表れます。

「勝者の思想」を心に抱くとき、
我々は、一つの仕事において自分の貢献が高く評価されることを求めます。
それは、競争社会において、ある意味では自然なことなのですが、
ときおり、他のメンバーとの間で、
密やかに成果と評価の奪い合いをしてしまうときがあります。
しかし、多くの場合、こうした心の姿勢は、
他のメンバーとの不和を生み出し、チームワークを乱し、
さらには、仕事そのものの成果を損ねてしまうことさえあります。

これに対して、「達成の思想」を心に抱くとき、
我々は、自分の貢献が高く評価されること以上に、
その仕事が素晴らしい仕事になることに喜びを感じます。
そのとき、我々は、
他のメンバーと力を合わせ、智恵を出し合い、励まし合い、
その仕事が素晴らしい成果を挙げられるように
努力を尽くしていきます。
そして、その結果は、多くの場合、
仕事が成果を挙げるだけでなく、
自分も含めて、その仕事に参加したメンバー全員が、
大きな喜びを得ることができるのです。

このように、「達成の思想」は、「勝者の思想」とは異なり、

限られた「勝者の喜び」を奪い合う思想ではなく、
自分も他人も、多くの人々が「達成の喜び」を得ることができる
成熟した思想であるといえます。

その意味で、この思想は、
「喜びの奪い合い」ではなく、
「喜びの高め合い」を可能にする思想といえるのです。

そして、世の中を深く見つめるならば、
この厳しい競争社会においてさえ、
本当に優れたプロフェッショナルの仕事のスタイルは、
「喜びの奪い合い」ではなく、
「喜びの高め合い」であることに気がつきます。

それは、厳しい競争が求められる野球や相撲などスポーツの世界でも、
将棋や囲碁など競技の世界でも、ビジネスの世界でも、同じです。
そのプロフェッショナルの心の世界を深く見つめるならば、
そこには、「喜びの高め合い」の精神があります。
そして、我が国には、古くから、その精神を表す言葉がある。

「切磋琢磨《せっさたくま》」


例えば、厳しい競争が求められるプロフェッショナルの世界で
しばしば使われる言葉に、

「あのライバルのお陰で、自分はここまで来ることができた」

という言葉があります。

二人の優れたプロフェッショナルが

互いに「競争」をするように見える場面も、
実は「優劣競争」をしているのではない。
彼らは「切磋琢磨」をしているのです。
互いに刺激し合い、互いに腕を磨き、
気がつけば、どちらもプロフェッショナルとしての高みに達している。
そうした意味で、彼らは、「喜びの高め合い」をしているのです。

いま、プロフェッショナルの精神について、
「競争で厳しく優劣を争うのがプロフェッショナル」との素朴な誤解が
世に溢れています。
そうした時代だからこそ、我々は、
我が国に古くからある、この「切磋琢磨」という精神の素晴らしさについて、
深く理解しておくべきでしょう。

そして、目を転じるならば、
現代のビジネスの潮流《ちょうりゅう》も、
そうした「喜びの高め合い」の方向に向かっていることに気がつきます。

例えば、現在、ビジネスの世界に増えてきた
「ウィン・ウィン」(win-win)という言葉。
互いに競争する当事者の一方だけが勝つのではなく、
その当事者の双方が勝つことのできる形をめざす。
そうした精神が、ビジネスの世界でも語られるようになっています。
また、企業同士の関係でも、しばしば語られる言葉に、
「コンペティション(競争)からコラボレーション(協働)へ」
という言葉があります。
これも、現代の競争社会の変化を示すものであり、

単なる「奪い合い」ではない、
新たなパラダイムを模索するものといえるでしょう。

「他人の目による評価」から「自分らしさの表現」へ

「達成の思想」は、なぜ、
「勝者の思想」よりも成熟した思想なのか。
その第二の意味を述べましょう。

それは、「勝者の思想」というものが、
「他人の目による評価」を意識した思想であるのに対して、
この「達成の思想」は、
「自分らしさの表現」を大切にする思想だからです。

「勝者の思想」は、
ある意味で、「自分の力」を誇示する思想ですが、
その本質は、「他人の目」に影響される思想です。

それは、我々が、この「勝者の思想」を抱くとき、
その心の奥深くを見つめてみれば、明らかでしょう。

我々が、厳しい競争において勝者をめざすのも、
単に「生きるため」や「生活のため」だけでなく、
「他人から認められたい」「社会から認められたい」という欲求が、
その根本にあります。
そして、我々が他人や社会から認められようとするとき、
その「拠《よ》り所」にするのは、多くの場合、

給料や年収、役職や地位などの、誰から見ても「分かりやすい基準」であり、この基準をめぐる競争において勝者となることによって他人や社会から認められようとします。

これに対して、「達成の思想」は、「他人の目」よりも「自分らしさ」を大切にする思想です。

なぜなら、この「達成の思想」を抱くとき、我々は、他人や社会が価値を認めるものに盲目的に従うのではなく、自分自身にとって本当に価値があると感じられるもの、自分自身が、自分らしいと感じられるものを探し、それを目標に定め、その達成のために努力をするからです。

このように、「勝者の思想」とは、その本質において、
「他人の目」を意識した思想であり、
「達成の思想」とは、
「自分らしさ」を大切にした思想です。

この違いを、我々は、理解しておく必要があります。

なぜなら、この「勝者の思想」を抱くとき、
それが「他人の目」を意識したものであるため、我々は、
一つの落し穴に陥ってしまうからです。
それは、何か。

「思考停止」です。

すなわち、「他人の目による評価」を意識するとき、我々は、
それが誰から見ても「分かりやすい基準」であるため、
その基準による評価を無意識に絶対化してしまい、
盲目的にそれに従うようになってしまうのです。
そして、その結果、
自分が本当は何を求めているのかを深く考えない
「思考停止」に陥ってしまうのです。

この「思考停止」の最も象徴的な例が、
この世の中にあります。

それは、何か。

「貨幣」です。

経済学の世界では、昔から、
「貨幣の物神崇拝」（フェティシズム）
ということが語られます。
これは、貨幣がすべての商品との交換性を持つため、
我々の無意識の中で、
貨幣が全能の力を持った神のように思えてくることを
指摘したものです。

そして、この「物神崇拝」と「思考停止」は、
コインの裏表のように一対のものとして、
我々の心の中に生じてきます。

すなわち、我々は、無意識の「物神崇拝」に陥ったとき、深くものを考えなくなる「思考停止」の状態になるのですが、深くものを考えない「思考停止」の状態に陥ったとき、無意識に「物神崇拝」に向かってしまうのです。


例えば、世の中には、人生において必要な額を越え、ひたすらに財産を増やすことをめざす人物がいます。

こうした人物の心の奥深くには、しばしば、

「自分が本当は何を求めているのか分からない。

だから、とりあえず、財産を増やしておこう」

という無意識が潜んでいます。

このことを逆に言えば、
我々が、自分の人生において、本当に求めているものを見出したとき、

貨幣に対する物神崇拝や、財産に対する果てしない欲望は、
自然に消えていきます。

そして、そのことを理解するとき、
我が国の伝統において、しばしば「理想」として語られてきた
一つの生き方の意味が分かります。

「清貧」という生き方。

もし、そうした生き方が本当にあるならば、
それは、決して「禁欲」によって身につけるものではありません。
それは、深い「自己探究」の結果、
自然に身についてくる生き方なのでしょう。

このように、「勝者の思想」というものは、しばしば、「思考の停止」をもたらすものですが、
これに対して、「達成の思想」は、
「思考の深化」をもたらすものです。

なぜなら、「達成の思想」においては、
自分が達成すべき目標を定めるとき、
「自分が人生において本当に求めているものは何か」
を深く考えることになるからです。
そして、「自分が本当に求めているものは何か」を考えることは、
すなわち、「自分の自分らしさとは何か」を考えることでもあるからです。

言葉を換えるならば、
自分が生涯をかけてめざす目標を定めるということは、
実は、「自分らしさ」の探究であり、
そこで掲げた目標とは、
実は、「自分らしさ」の表現に他ならないのです。

かつて、世の中では、
「拝金主義的」な風潮が強まる一方で、
「自分探し」が密やかなブームになりました。

それは、決して、
「物質主義」対「精神主義」といった相対立する現象ではなく、
「自分が本当に求めているものが分からない」という深層意識の

二つの現れであることに気がつく必要があるでしょう。

冒頭に述べた
「Define your own success.」（あなた自身の成功を定義しなさい）
という言葉とともに、
「Find your own uniqueness.」（あなた自身の個性を発見しなさい）
という言葉が語られる最も深い理由は、
まさに、その点にあります。

もし、我々が、本当に「人生の成功」を求めるならば、
その営みは、必ず、「自己の探究」に向かうことになる。

そのことを、我々は、知らなければなりません。

「他者との戦い」から「自己との戦い」へ

「達成の思想」は、なぜ、
「勝者の思想」よりも成熟した思想なのか。
その第三の意味を述べましょう。

それは、「勝者の思想」というものが、
「他者との戦い」に向かう思想であるのに対して、
「達成の思想」は、
「自己との戦い」に向かう思想だからです。

我々が人生を歩むとき、精神のエネルギーを

「他者との戦い」に向けるか、「自己との戦い」に向けるかで、
その精神の成熟に、大きな違いが生まれてきます。

なぜなら、我々が「勝者の思想」を心に抱き、
戦いの相手を、誰か他人に定めるとき、
我々は、しばしば、
心の奥深くの劣等感、その裏返しとしての傲慢《ごうまん》さ、
他者に対する猜疑心《さいぎしん》と不信感、
優れた人間に対する羨望や嫉妬、
そういった否定的な感情やエゴの衝動に襲われるからです。
そして、こうした精神の状態は、多くの場合、
我々の精神の成長と成熟を妨げてしまうからです。

これに対して、我々が「達成の思想」を心に抱き、
戦いの相手を、誰か他人ではなく、自分自身に定めるとき、
ある意味で、最も厳しい戦いが始まるのですが、
精神的には、最も迷いの無い戦いに臨むことができます。

「最も厳しい戦い」という意味は、
この戦いでは、目標を達成する過程で直面するすべての問題を、
「自分に原因がある」として引き受けることになるからです。
そして、「自分がどう成長すれば良いか」を深く考えることになるからです。

「最も迷いの無い戦い」という意味は、
この戦いでは、他人の思想や行動に対して批判や非難をするなど、
様々な否定的感情にエネルギーを費やさなくとも済むからです。

また、他人の思想や行動に影響を受けず、
自分の目の前の課題に集中することができるからです。
そして、この精神の状態にあるとき、我々は、
最も優れた形で、精神の成長と成熟を遂げていくことができるのです。

なぜ、厳しい競争に身を置く、優れたプロフェッショナルが、
「他者との戦い」ではなく、「自己との戦い」に向かうのか。
その理由は、まさにそこにあります。

そして、なぜ、プロ野球のイチロー選手など、
「自己との戦い」を究めてきた人物が、
その若き年齢にもかかわらず、人間として成熟した姿を示したのか。
その理由もまた、そこにあるのです。

「達成の思想」を抱いて歩むとき、見えてくる限界とは何か

このように、「勝者の思想」は「達成の思想」へと成熟していき、
この「達成の思想」は、いま述べた三つの意味で、
「勝者の思想」に比べて成熟した思想であるといえますが、
この思想もまた、いつか、
さらに深い問題に突き当たります。

それは、三つの問題です。
そして、その三つの問題は、
人生というものが我々に投げかけてくる

根本的な問題でもあります。
それは、何か。

「才能と努力」から「境遇と運命」へ

第一の問題は、人生において、長い歳月を歩むとき、我々の多くが、一つの諦念《ていねん》とともに悟る事実です。

人生において、夢を実現できるとはかぎらない。
人生において、目標を達成できるとはかぎらない。

その事実です。

しかし、こう述べると、疑問を抱く方がいるかもしれません。
なぜなら、世の中には、次のようなメッセージが溢れているからです。

「夢は、必ず実現できる」
「目標は、必ず達成できる」

雑誌にも、書籍にも、そうしたメッセージが溢れています。
そして、これらのメッセージは、多くの場合、
実際に夢を実現した人物や、目標を達成した人物が語ったものであり、
いかに努力と工夫を重ね、苦労や困難を乗り越えたかを語ったものです。
そのため、それらのメッセージには、それなりの説得力もあり、
また、学ぶべきことも多いのですが、
そこで語られていることを、どれほど忠実に実行したとしても、

「夢の実現」や「目標の達成」は、約束されていません。

もとより、こうした
「夢は、必ず実現できる」
「目標は、必ず達成できる」
というメッセージは、これらの人物の
「多くの人々を励ましたい」という思いから発したものであり、
温かい気持ちから語られたものではあるのですが、
人生の現実は、必ずしも、この言葉どおりではありません。

どれほど深い願いを込めて目標を掲げても、
どれほど一生懸命にその達成をめざして努力しても、
我々の人生において、それが実現しないことは、ある。

なぜなら、人生には、
「努力」「才能」「境遇」に加えて、
もう一つ、大切な言葉があるからです。

「運」

その言葉です。

例えば、甲子園での優勝投手となることをめざし、
毎日、猛烈な練習に明け暮れた投手が、
決勝戦でのたった一球の落球で、その夢が破れることがある。

また、新会社を設立して経営者になることをめざし、
仲間とともに寝食を忘れて働いてきた人物が、
ある日、健康を害して長期の入院を余儀なくされ、
その夢を捨てなければならないことがある。

このように、我々の人生においては、
ときに、不可抗力とも思える事故や病気によって、
夢が破れ、目標を達成できないことが、起こる。

どれほど深い願いを込めて目標を掲げても、
どれほど一生懸命にその達成をめざして努力しても、
その努力が、ほんのわずかな偶然によって
水泡《すいほう》に帰してしまうことは、ある。

それは、我々の生きているこの人生の厳然たる事実ではないでしょうか。

では、どうするか。

もし、我々の人生に、「運」というものがあるならば、そのとき、我々は、その現実に対して、どう処すればよいのか。
そして、その「運」によって、めざしていた目標を達成できなかったとき、どうすればよいのか。

それが、第一の問題です。

「目標の達成」から「達成後の目標」へ

第二の問題は、
ある時代に、我々が一つの目標を達成しても、
必ず直面する問題です。

人生は、続く。

その問題です。
もし、我々が、若き日に素晴らしい目標を掲げ、
何年もの歳月、努力と工夫を積み重ね、
見事にその目標を達成したとしても、

それで人生が終わるわけではない。

もし、それが映画ならば、
ハッピーエンドのラストシーンがやってくれば、
それで、その物語は終わりますが、
実際の人生は、それで終わるわけではない。
どれほどの成功の物語の後にも、人生は続く。
その当然の事実が、あります。

そして、その当然の事実を教えてくれるのが、
ときおり、テレビや雑誌などで伝えられる
往年の成功者の寂しい物語です。
例えば、スポーツ選手として一世を風靡《ふうび》した人物の

引退後に歩んだ寂しい人生が伝えられることがあります。
ときに、往年の有名芸能人が、事件を起こして
マスコミで報道されることもあります。
また、経営の世界でも、かつて大経営者と呼ばれた人物が、
「晩節《ばんせつ》を汚《けが》した」と評されるときもあります。

そして、こうした寂しい物語は、
決して有名人や有力者だけに起こる物語ではありません。
我々の身近にも、そうした例は、いくつもあります。

例えば、語り草となる伝説的なプロジェクトを成功させ、
一時は飛ぶ鳥を落とす勢いであった辣腕《らつわん》マネジャーも、
定年により現役を退かなければならないときが来る。

また、例えば、ある企業で実績を挙げ、高い評価を得た人物が、
その能力を買われて他の企業に転職したものの、
その企業の社風や人間関係が合わず、
寂しい再転職を余儀なくされるときがある。

このように、我々は、仮に一つの時代に大きな目標を達成し、
ひととき「達成の喜び」を味わうことができても、
その後の残された人生において、
その「達成の喜び」を抱き続けて生きていくことはできないのです。

それゆえ、もし、我々が、一つの目標を成し遂げた後も、
その人生において「達成の喜び」を味わい続けたいと思うならば、
また、新たな目標を掲げて歩まなければならない。

しかし、我々は、いずれ年老いて体力と気力が衰えていく。
そして、いずれ、定年退職などで社会的地位を退いていく。
その時代において、我々が大きな目標を掲げ、
その達成に向けて挑戦していくことは、容易なことではないのです。

では、我々は、その時代に、どう処するか。

「欠乏感の意欲」から「感謝の意欲」へ

第三の問題は、
たとえ努力と幸運によってある目標を達成しても、
必ず我々が直面する、もう一つの問題です。

さらに高い目標に駆り立てられる。

その問題です。

もし我々が、努力を尽くし、幸運にも恵まれて

一つの目標を達成したとしても、

我々の心には、必ず、さらに大きな目標が生まれてきます。

一つの目標を達成することによって大きな「達成の喜び」を得たとき、

我々は、それをさらに上回る「達成の喜び」を求め、

さらに大きな目標を立て、それに挑戦しようとします。

それは、しばしば、次のような言葉で語られる心境です。

「あの興奮が忘れられない」

「あの感動をもう一度味わいたい」

これは、苦労や困難を乗り越えて一つの目標を達成する過程で味わう
大きな興奮や深い感動が忘れられないという心理であり、
一般に、こうした心理から、
次々に大きな目標を掲げ、挑戦し続ける生き方を、
我々は、「挑戦心」を持った「意欲的」な生き方として
肯定的に評価します。

しかし、これは、たしかに意欲的な生き方なのですが、
我々が、自分自身の中にあるこうした心理を見つめるとき、
やはり、そこに、落し穴があることに気がついておかなければなりません。

それは、何か。

「欠乏感」です。

すなわち、我々がこの「意欲的」な心理を抱くとき、この心理の奥に、しばしば、ある種の「欠乏感」が存在するのです。

禅の世界に、まさにこの機微を表した言葉があります。

「意欲とは、欠乏感なり」

すなわち、我々が心の中に強い「意欲」を抱くとき、しばしば、その背景には、「満たされない思い」や「欠乏感」があるのです。

では、それが、なぜ問題か。

「欠乏感」は、「達成」によっては満たされないからです。

なぜなら、この「欠乏感」の由来は、
我々人間が本源的に持つ、「卑小感《ひしょうかん》」だからです。

この宇宙の歴史は、一三八億年。
この宇宙の広さは、一三八億光年。

その悠久の時間の流れと
壮大な空間の広がりの中に生まれた
我々の命。

この広大な宇宙の片隅にある小さな惑星に生まれ、
百年にも満たない一瞬の時を駆け抜けていく、
我々の命。

我々は、心の奥深くで、
その小さな命の儚《はかな》さを知っている。
そのため、我々の心の奥深くには、
「卑小感」とでも呼ぶべき思いが生まれてきます。

そして、その「卑小感」が、心の奥深くで叫び始めます。

自分は、小さな存在ではない。
自分は、儚い存在ではない。

そう叫び始めます。

そして、その「卑小感」は「欠乏感」となり、
そこから「意欲」が生まれます。

何かを獲得すれば、自分が小さな存在ではなくなる。
何かを達成すれば、自分は儚い存在ではなくなる。
そうした思いが、
何かを獲得したい、
何かを達成したいという意欲となっていく。

しかし、どれほどのものを獲得し、どれほどのことを達成しても、
この「欠乏感」は、決して満たされることはない。

では、我々は、
この「欠乏感」に、どう処するか。

一つの大切なことに、気がつくことです。

人間の「意欲」には、二つの種類がある。
そのことに気がつくことです。

一つは、すでに語りました。
「欠乏感」から生まれてくる「意欲」

その意欲です。

では、もう一つの意欲とは、何か。

「感謝」から生まれてくる「意欲」

それは、「卑小感」や「欠乏感」から生まれてくる「意欲」とはまったく違った「意欲」です。

自分は、小さな存在だ。
自分は、儚い存在だ。

そうした思いとはまったく逆の思いから生まれてくる「意欲」です。

では、それは、いかなる「意欲」か。

この世に生を享《う》け、
かけがえのない命を与えられた。
それだけで、
自分は、恵まれた存在である。
自分は、祝福された存在である。
だから、この命を大切に使いたい。

そうした思いから生まれてくる「意欲」です。

「感謝」から生まれてくる「意欲」とは、

まさに、その心境から生まれてくる意欲に他なりません。

そして、この「感謝からの意欲」によって高き目標を抱くとき、
我々は、「達成の思想」を超え、
その先にある、
さらに深みある思想へと向かっていくのです。

なぜ、「達成の思想」は「成長の思想」へと深化していくのか

では、この「達成の思想」のその先にある
さらに深みある思想とは、何か。

「成長の思想」です。

この思想を特徴づけるのは、
「困難」という言葉。

この「成長の思想」は、

人生の「困難」と格闘することによって、
人間として「成長」すること、そして、
人間として「成長」し続けていくことを、
人生の成功と考える思想です。

そして、この思想は、我が国においては、
古くからある思想でもあります。
例えば、我が国では、仕事の世界において、
昔から語り継がれる言葉があります。

「仕事を通じて、人間を磨く」

その言葉です。

この言葉の奥にあるのは、
一つの覚悟です。

我々が、一生懸命に仕事をするのは、
ただ収入や地位や名声のためではない。
我々が、一生懸命に仕事をするのは、
人間を磨き、成長していくためである。

その覚悟が、
この言葉の根底にあります。

そして、この覚悟は、「成長の思想」の根底にある覚悟でもある。

我々が、様々な苦労や困難を超えて、
この人生を一生懸命に生きるのは、
競争で勝者となるためでも、
目標を達成するためでもない。
人間を磨き、成長していくためである。

それが、「成長の思想」の根底にある、一つの覚悟です。

そして、この「成長の思想」を抱いて歩むとき、
我々の生き方は、三つの意味で、深まっていきます。

では、それは、どのような深化でしょうか。

「否定的な出来事」から「可能性を拓《ひら》く機会」へ

この「成長の思想」を抱いて歩むとき、
我々の生き方が、深まっていく。
その第一は、何か。

人生における「困難」の意味が、逆転します。

この「成長の思想」を抱くとき、
人生において遭遇する、
苦労や困難、失敗や敗北、挫折や喪失というものが、
一八〇度、逆転した意味を持つようになります。

否定的な意味を持つと思われたこれらの体験が、
極めて肯定的な意味を持つようになるのです。

では、「達成の思想」はどうか。
我々がこの思想を抱くとき、
苦労や困難、失敗や敗北、挫折や喪失は、
「目標の達成」を妨げる「否定的な出来事」として映ります。
そのため、ともすれば、
人生において、こうした「否定的な出来事」を避けたい
という思いが、心に忍び込んできます。
そして、その心境と表裏一体のものとして、我々は、しばしば、
「いかに労せずに達成できるか」
「いかに楽をして達成できるか」

という安易な発想に流されてしまいます。

しかし、そもそも、こうした安易な発想は、「達成の思想」そのものとしても、錯誤《さくご》です。

我々がこの思想によって「達成の喜び」を得るのは、その目標を達成する過程で、大きな苦労や困難があるからであり、その苦労や困難が大きければ大きいほど、「達成の喜び」も大きくなるということを、我々は知っています。

そして、やはり、現実の人生においては、そうした苦労や困難、さらには、失敗や敗北、挫折や喪失といった「否定的な出来事」を避けることは、決してできません。

そうした出来事は、人生において、必ずやってきます。

しかし、「成長の思想」とは、
人生において、こうした否定的な出来事に遭遇したとき、
それらの出来事に押し潰されることなく、
それらの出来事から逃げることなく、
それを「糧《かて》」とすることができる思想です。

そのことを教えてくれるエピソードがあります。

プロ野球大リーグで活躍していた頃の
イチロー選手のエピソードです。

イチロー選手が、
あるピッチャーとの対戦で、
何試合もヒットを打てず、抑え込まれていました。

そのことについて、あるインタビュアーが、聞きました。

「あのピッチャーは、苦手のピッチャーですか」

その問いに対して、
イチロー選手は答えました。

「いえ、そうではありません。
彼は、自分の可能性を引き出してくれる

素晴らしいピッチャーです。
だから、自分も、力を磨いて、
彼の可能性を引き出せるバッターになりたいですね」

このイチロー選手のコメントは、我々に、
「困難」ということの、本当の意味を教えてくれます。

それは、決して「否定的な出来事」ではありません。

それは、「可能性を拓く機会」なのです。

それは、我々が、大切なことを学び、成長していくための
素晴らしい機会なのです。

そして、このことは、我々の多くが、
自らの歩んだ人生を振り返るとき、
たしかに感じることではないでしょうか。

我々が、過去を振り返り、
自分が一人の人間として
大きく成長できたときを思い起こすならば、
それは、決して順風満帆《じゅんぷうまんぱん》の時期ではなかった。
それは、必ず、苦労や困難の時期であった。

そのことに、気がつくでしょう。

あの天を仰いだ一瞬。
あの夜も眠れぬ日々。
あの苦闘し続けた歳月。
それが、我々の心を鍛え、深め、豊かにしてくれた。
そして、一人の人間として、成長させてくれた。

そのことに、気がつくでしょう。

そして、
人生において我々に与えられた苦労や困難は、
我々が自らの可能性を拓いていくための
素晴らしい機会であったことに
気がつくでしょう。

「成長の思想」とは、まさに、その意味において、
人生における苦労や困難というものの意味を、
一八〇度、逆転して見つめる思想なのです。

このことをお話しすると、
私自身のささやかな体験を思い起こします。

昔、若き日に、私は転職を経験しました。

そのとき、私が勤めていた会社の人事部長が、
私の辞職を慰留《いりゅう》するために語ってくれた言葉が、
いまも、心に残っています。

「君も、マネジャーになって、
ようやく、これから楽ができるようになったのに、
なぜ、会社を辞めるのか」

それは、人事部長の私に対する
温かい思いやりから出た言葉でした。
しかし、その言葉を聞いたとき、
私は、自分自身の本当の気持ちに気がつきました。
だから、私は、その人事部長の配慮に感謝しながらも、
こう申し上げました。

「私は、まだ三〇代です。三〇代のうちに、
もう一度、苦労がしてみたいのです」

人間とは、不思議なものです。
こうした人生の最も大切な曲がり角において、
自分自身の本当の気持ちが分かるときがある。

そのときの、私自身の正直な気持ちは、
やはり、成長したかったのです。
そして、その成長のために、
もっと苦労がしてみたかったのです。
もっと困難を経験してみたかったのです。

そして、その願いどおり、
転職した企業において、私は、新しい会社の立ち上げという
誰もが経験できない苦労を経験することができました。

それは、働き甲斐ある仕事でしたが、
予想を遥かに超えた苦労の多い仕事でした。
しかし、いま、その時代を振り返るとき、
その苦労が、今日にいたる私自身の成長の
大きな糧となったと感じています。

だから、申し上げたい。

人生における「困難」とは、
我々が自らの可能性を拓いていくための
そして、我々が成長していくための
素晴らしい機会に他ならない。

そのことを申し上げたい。

しかし、もし、我々が、
人生における「苦労」や「困難」という言葉の意味を、
この深みにおいて見つめるならば、
人生において大切な、もう一つの言葉についても、
その深い意味が見えてきます。

それは、何か。

「夢」という言葉です。

我々は、人生において、
様々な「夢」を描きます。
そして、大きな「夢」を抱きます。

では、なぜ、我々は、
人生において、
大きな「夢」を描くのか。
大きな「夢」を抱くのか。

この問いに対して、
もし、我々が「成長の思想」を抱くならば、
その答えは、明確です。

「困難」に挑戦できるからです。

大きな「夢」を描き、
それを実現しようと力を尽くすとき、
我々は自ずと「困難」に挑戦することになる。
そして、その「困難」が、
我々を、さらに大きく成長させてくれる。

だから、我々は、大きな「夢」を抱くのです。

我々は、我々自身の「成長」のために、
大きな「夢」を描き、その実現のために歩むのです。

しかし、こう申し上げると、疑問の声が挙がるかもしれません。

我々は、自分自身のためではなく、
多くの人々のために「夢」を抱くのではないか。

それは、そのとおりです。
技術者が「この技術で世の中を良くしたい」との夢を抱き、
起業家が「この事業で世の人々に貢献したい」との夢を抱く。
そうした思いから「夢」を抱くことは、尊い姿でもあり、
また、その「夢」は、ときに「志」と呼ぶべき素晴らしいものです。

しかし、その「夢」の実現は、必ずしも約束されていない。

では、もし、何かの困難がゆえに、その夢が実現できなかったとき、
その技術者や起業家の努力は、「報われない努力」だったのか。

そうではない。
この技術者と起業家の努力は、見事に報われている。

その「夢」を実現するために、様々な「困難」に挑戦し、
その困難の中で、多くの苦労を味わい、
一人の人間として「成長」することができたならば、
それは「最高の報酬」。
この方々の努力は、見事に報われている。

「成長の思想」とは、
その「最高の報酬」を見つめる思想に他なりません。

そして、「成長の思想」における
この「夢」というものの意味を理解するとき、
なぜ、我々が、あの言葉に魅《ひ》かれるのか、
その本当の理由に、気がつきます。

「見果てぬ夢」

英語で言えば、

「The Impossible Dream」（不可能な夢）

この言葉は、
「叶わぬ夢」を嘆いた言葉ではありません。

そうではない。

この言葉は、

自分の中に眠る可能性を信じ
不可能と思える夢を抱き
困難への挑戦を続けることによって
その可能性を開花させたい

その願いを語った言葉なのでしょう。

だから、「見果てぬ夢」。

この言葉を聞くとき、
我々の魂は、深く励まされるのでしょう。

「達成する強さ」から「成長する強さ」へ

「成長の思想」を抱いて歩むとき、
我々の生き方が、深まっていく。
その第二は、何か。

「強さ」という言葉の意味が、変わります。

この「強さ」という言葉は、
いま、世の中に溢れています。
しかし、その多くは、
「勝者の思想」や「達成の思想」において使われる「強さ」です。

すなわち、「勝者の思想」における「強さ」とは、
人生の競争において勝者となる強さ、
「勝利する強さ」のことです。

また、「達成の思想」における「強さ」とは、
人生において掲げた目標を成し遂げる強さ、
「達成する強さ」のことです。

そして、いま世の中に溢れるのは、
この意味での「強さ」を求めるメッセージです。
いわく、「必ず勝利する」「必ず勝つ」、
「必ず達成する」「必ず成し遂げる」。

しかし、こうしたメッセージの洪水の中で、
いま、多くの人々が、
表面的には、勝者への願望と達成への熱意を持ちながら、
その心の奥深くで、深い敗北感と挫折感を味わっています。

なぜなら、この「強さ」の定義に基づくかぎり、
多くの人々は、必ず、敗北や挫折を経験するからです。

いや、この定義に基づくかぎり、
ひとたび勝者となった人間も、
ひとたび何かを達成した人間も、
いつか必ず、敗北感と挫折感を味わうことになる。

その意味で、いま世の中に溢れる「強さ」の定義は、
寂しい定義です。
我々の人生において、敗北や挫折を味わい、
その最も苦しいとき、最も辛《つら》いときに、
自らを支えることのできない、寂しい定義です。

しかし、我々が「成長の思想」に目を向けるとき、
そこに、「強さ」ということの

新たな定義が生まれてくる。

それは、いかなる定義か。

それは、「必ず勝利する」という強さではない。
それは、「必ず達成する」という強さではない。

それは、「必ず成長する」という強さです。

人生において、
いかなる敗北がやってこようとも、
いかなる挫折を味わおうとも、
その敗北と挫折の体験の中から、

必ず、何かを掴み、
必ず、成長する。

その強さです。

そして、もし、それが、
これからの時代における
「強さ」ということの新たな定義であるならば、
我々は、誰もが、すでに
その「強さ」を身につけている。

それは、我々の人生を振り返れば、
見えてくる真実です。

あの痛苦な失敗の中で、自分は、
謙虚な心を身につけることができた。

あの惨《みじ》めな敗北の中で、自分は、
他人の痛みが分かるようになった。

あの辛い挫折の中で、自分は、
人の親切の有り難さを知った。

あの悲しい喪失の中で、自分は、
人との出会いの、かけがえの無さを学んだ。

我々は、誰もが、
そうした体験を持っている。

そして、気がつけば、
それこそが、我々の本当の「強さ」だった。

あの敗北や挫折の時代においてこそ、
我々の心は、深まっていった。
そして、我々は、一人の人間として、成長することができた。

そして、不思議なことに、
我々が、自分自身の中にある、その「強さ」に気がついたとき、
なぜか、静かな勇気が湧いてくるのです。

その敗北と挫折の中で、
そのどん底において、
なぜか、もう一度、立ち上がってみようと思うのです。

もう一度立ち上がったからといって、
勝利が約束されているわけではない。
達成が約束されているわけではない。
それでもよい。
また立ち上がって、歩んでみよう。
また夢を抱き、目標を掲げて歩んでみよう。
もし、また敗北と挫折がやってきたら、
それでよい。

また敗北がやってきたら、また何かを摑もう。
また挫折がやってきたら、また何かを学ぼう。
そうして、歩み続け、成長していこう。
命尽きるまで、歩み続け、成長していこう。

なぜか、そんな思いが、湧きあがってくるのです。

「成長の思想」を抱いて歩むとき、我々は、
すでに自分自身の中にあった、
その「真の強さ」に気がつくのでしょう。

「人物への成長」から「一日の成長」へ

「成長の思想」による、我々の生き方の深まり。

その第三は、何か。

「成長」という言葉の意味が、変わります。

では、これまでの「成長」という言葉の意味は、何か。

「人物への成長」です。

すなわち、我々が「人間としての成長」をめざすとき、
しばしば、何十年かの歳月をかけて
「素晴らしい人物」へと成長することを考えます。

それは、世に語られる
「人物を磨く」という言葉や、
「大《たい》器《き》晩成《ばんせい》す」といった言葉の背景にある
我々の成長観です。

もとより、そうした成長への強い思いは、
無条件に尊いものですが、
そこには、やはり一つの落し穴があります。
それは、密やかに忍び込む「達成の思想」です。

もし、我々が、長い歳月をかけて
「素晴らしい人物」へと成長していくことをめざすならば、

それは、実は、ある意味での「達成の思想」に他なりません。

その発想の裏側に忍び込んでくるのは、
「素晴らしい人物」という目標をめざす「達成の思想」なのです。
そして、それが「達成の思想」であるかぎり、
我々が、人生において、その「達成の喜び」を得ることは
約束されていないのです。

では、この「人物への成長」という発想が
密やかな「達成の思想」であるならば、
我々が「成長の思想」を抱いて歩むとき、
そこでめざすべき「成長」とは、何か。

「一日の成長」です。

すなわち、

一日を生きたとき、
一日分、成長する。

今日という一日を生きたとき、
今日という一日の経験だけ、
たしかな成長を遂げる。

その生き方こそが、
「成長の思想」がめざすものです。

そして、この「成長の思想」においては、
何十年かの歳月をかけて「素晴らしい人物」へと成長するということは、
「一日の成長」という生き方の「結果」として与えられるものにすぎません。
それは、本来、「目標」とすることのできるものではないのです。
それは、なぜか。

我々の人生には、
冷厳な一つの真実があるからです。

人生は、いつ終わるか分からない。

その真実があるかぎり、
何十年か先の達成は、約束されていないのです。

だから、「成長」とは、究極、
「一日の成長」に他ならない。

しかし、この「一日の成長」とは、
言葉で語るほどに、容易ではありません。

それは、我々が、いま、

昨日という一日を振り返ってみれば、分かることです。

我々は、人生において、かけがえの無い日々を生きている。
それにもかかわらず、このかけがえの無い一日を生きたとき、
その一日、何も成長していないことに、気がつくことがあります。
いや、ときに、何十年の歳月を歩んでも、成長していないことがあるのです。

では、どうすればよいか。
かけがえの無い一日を生き、
その一日、一日を、たしかに成長していくためには、
どうすればよいか。

一つの心構えを身につけることです。

「一日を生き切る」

その心構えを身につけることです。

ここで大切なのは、
「生きる」ではなく、「生き切る」。

この「切る」という言葉に込められた覚悟がある。
それは、「悔いが無い」という覚悟。
一日を生きたとき、「思い残すことが無い」という覚悟。
その覚悟が、この「生き切る」という言葉の意味です。

ただ漫然と生きるのではなく、
与えられた一日を、生き切る。

もし、その生き方ができるならば、
そのとき、我々は、
その一日、「最高の成長」を遂げることができるでしょう。

では、どうすれば、
「一日を生き切る」ことができるのか。

これまで語られてきた言葉の
本当の意味に気がつくことです。

例えば、「勝者の思想」において語られた言葉。

「競争」

例えば、「達成の思想」において語られた言葉。

「目標」

我々が、「一日を生き切る」ことを願うならば、
この二つの言葉の、本当の意味に気がつくことです。

我々は、なぜ、自ら好んで、厳しい「競争」の場に身を置くのか。
我々は、なぜ、自ら好んで、難しい「目標」を掲げ挑戦するのか。

それは、実は、
「競争」で「勝者」となり、
「勝者の喜び」を味わうためではありません。

それは、実は、
「目標」を「達成」して、
「達成の喜び」を味わうためではありません。

それは、「勝者」になるためでも、「達成」するためでもない。

では、何のためか。

一日一日を、生き切るためです。

厳しい「競争」の場に身を置き、
難しい「目標」を掲げて挑戦し、
そのために力を尽くして歩むとき、我々は、
一日一日を、生き切ることができる。
一日一日を、成長していくことができる。

それが、「競争」や「目標」という言葉の
本当の意味です。

そして、そのことは、「成長の思想」において語られる
二つの言葉も、同じです。

「夢」
「志」

我々は、なぜ、それが叶わぬものと分かっていても、
「夢」を抱いて歩むのか。
我々は、なぜ、それが己の時代には成し遂げ得ぬと思っても、
「志」を抱いて歩むのか。

それは、「夢」や「志」を抱き、その実現に向けて力を尽くすとき、
一日一日を、生き切ることができるからです。
一日一日を、成長していくことができるからです。

そのことを教えてくれる、一つのエピソードがあります。

一九九一年にアカデミー助演女優賞を受賞した
ウーピー・ゴールドバーグのエピソードです。

彼女が、あるとき、
ニューヨークのアクターズ・スタジオで、
俳優修業をする若者たちから質問を受けました。

「我々は、将来、役者になることを夢見て、
毎日、毎日、厳しい修練を積んでいます。
こうした我々の努力は、いつか報われるのでしょうか」

この質問に対して、
ゴールドバーグは、温かいまなざしで、答えました。

「いま、あなたがたは、いつか役者になりたいとの夢を持ち、
素晴らしい仲間とともに、励まし合い、助け合いながら、
毎日、その夢を求め、目を輝かせて生きているのでしょう」

その言葉に対して、
若者たちは、うなずきました。

その若者たちを、優しく見つめながら、
ゴールドバーグは、静かに語りました。

「そうであるならば、
あなたがたの努力は、
すでに報われているではないですか」

このゴールドバーグの言葉は、
なぜ、我々が、「競争」に身を置き、「目標」を掲げるのか。
なぜ、我々が、「夢」や「志」を抱くのか。
その本当の意味を、教えてくれます。

いま、この一瞬を、生き切ること。

いま、この一瞬を、成長すること。

そして、

いま、この一瞬を、輝いて、在ること。

ときに、競争の中で、力を競い合い、
ときに、目標を掲げて、力を尽くし、
ときに、大きな夢や、高き志を抱き、
困難に挑戦して生きることの、本当の意味は、
そのことにあるのです。

そして、そのことに気がつくとき、我々は、
この「成長の思想」が、
「勝者の思想」と「達成の思想」を包み込み、
さらなる深みへと向かっていく思想であることを
知るのです。

では、その深みの彼方には、何があるのか。

生命《いのち》の本源的な姿です。

「あすなろ」という木があります。

「あすは、何かになろう」

その思いを重ねて語られる木です。

しかし、太陽の光を浴びながら、
大きく枝を広げ、葉を繁らせていくこの木を見るとき、
一つの思いが、心に浮かびます。

木は、何かになろうとは思っていない。
ただ、一生懸命に、精一杯に、
成長していこうとしている。

光を浴び、喜びに満ちて、
成長していこうとしている。

生命の続くかぎり、どこまでも
成長していこうとしている。

そして、

どこまでも成長していこうとする
その姿が、光り輝いている。
一本の木の生命《いのち》が、
光り輝いて、そこに、在る。

それが、生命の本源的な姿です。

そして、一本の木から目を転じ、
周りに広がる世界を見渡すとき、
我々は、気がつきます。

この世界もまた、
生命力に満ちて、そこに、在る。
成長を求めて、そこに、在る。
光輝いて、そこに、在る。

そして、

この自分もまた、
生命力に満ちて、ここに、在る。
成長を求めて、ここに、在る。
光り輝いて、ここに、在る。

そのことに気がつくとき、
我々の中に、
一つの思いが生まれてきます。

必ず終わりがやってくる、この生命《いのち》。
ただ一度かぎり与えられた、この生命。
いつ終わりがやってくるか分からない、この生命。

このかけがえの無い生命を、
精一杯に、生き切ろう。

そして、
このかけがえの無い一日一日を、
精一杯に、成長していこう。

その思いが、生まれてくるのです。

最期の一瞬に問われるもの

いつか、この旅は、終りを迎えます。

人生を一つの旅に喩えるならば、
この旅は、いつか、かならず、
終りを迎えます。

では、この旅において、
我々は、何をめざすのか。

若き日に、我々は、
「勝者の思想」を抱いて、旅に出ます。

誰よりも早く、
誰よりも遠くまで辿り着こうと思い、
旅に出ます。

しかし、いつか、我々は、その思想が、
この旅から、喜びを奪っていることに気がつきます。

周りの美しい景色に目を向ける心のゆとりを失い、
同じ道を旅行く人々との心の結びつきを失っている、

その自分の姿に気がつきます。

そして、その自分の姿に気がつくとき、我々は、
自分の心が見えてくる。

自分が本当に辿り着きたい目的地が、
見えてくるのです。

そして、我々は、心を定める。

その目的地をめざし、誰と競争するのでもなく、
自分の精一杯の歩みで、歩んでいこうと、
思い定めるのです。

そのとき、我々の心の中には、
「達成の思想」が生まれている。

しかし、年を重ね、長き道を歩むにつれ、
いつか、我々は、一つの真実を知ります。

その目的地に辿り着くことは、約束されていない。

その真実を、知ります。

けれども、そのとき、我々は、
もう一つの大切な真実も、知ります。

その歩みの中で、成長することができた。

様々な苦労や困難を乗り越え、
目的地をめざして一生懸命に歩み続けてきたことによって、
たしかに成長している自分に、気がつくのです。

そして、そのことに気がついたとき、
静かな覚悟が定まります。

たとえ目的地に辿り着くことができなくとも、
その目的地をめざして、力のかぎり歩み続けていこう。
そして、どこまでも成長していこう。

その覚悟が定まるのです。

そのとき、我々の心の中には、
「成長の思想」が生まれている。

そして、その思想を抱いて歩むとき、
いつか、不思議な感覚を得ていることに気がつきます。

旅の途上で巡り会うすべての人々が、
かけがえの無い人々であると、感じられる。

旅の途上で出会うすべての景色が、
深い意味を持った景色であると、感じられる。

しかし、そうして歩んでいく旅も、
いつか、終わるときがやってくる。

そして、
その旅が終わろうとするとき、
その最期の一瞬に、
あの不思議な人物が現れる。

「永劫回帰」の物語の、あの人物が現れる。

そして、我々に、静かに問う。

素晴らしい旅であったか。

そのとき、我々は、答える。

ええ、素晴らしい旅でした。

振り返れば、この旅の途上では、
様々な苦労や困難に出会いました。
失敗や敗北の苦しさも体験しました。
挫折や喪失の悲しみも味わいました。

しかし、そのおかげで、私は、
こうして成長することができました。

だから、この旅は、素晴らしい旅でした。

その答えを聞き、不思議な人物は、ふたたび問う。

では、その素晴らしい旅に、感謝するか。

その問いに、しばしの沈黙の後、我々は、答える。

ええ、素晴らしい旅でした。

しかし、私にとって、本当に感謝すべきは、
素晴らしい旅ができたことではありません。

この旅に出ることができた。

そのことが、私にとっては、最も深い感謝です。

我々は、いつの日か、
この旅の最期の一瞬、
そう答えるのでしょう。

謝辞

最初に、元ＰＨＰエディターズ・グループの石井高弘さんに、感謝します。
石井さんの小生の著書への深い思いが、本書を世に出しました。
そして、ＰＨＰ研究所の編集長、中村悠志さんに、感謝します。
中村さんの真摯な熱意が、本書の文庫化を実現しました。

また、国際社会経済研究所の理事長、藤沢久美さんに、感謝します。
藤沢さんの爽やかな感性から生まれる一言のアドバイス。
それが、この作品を支えてくれました。

そして、様々な形で執筆を支えてくれる家族、
須美子、誓野、友に、感謝します。

遠い彼方から、いくつかの魂が、導かれるように集まり、
魂の成長を求め、人生の一つの時代を、共に歩む。
家族とは、そうした奇跡の出会いかと思います。
されば、この日常こそが、奇跡の日々なのでしょう。

最後に、すでに他界した父母に、本書を捧げます。
お二人の邂逅《かいこう》がなければ、この世に生を享《う》けることはなかった。
そして、かけがえの無い、一度かぎりの人生という、
この素晴らしい旅に出ることはなかった。
そのことへの感謝の思いは、尽きません。

二〇二四年二月一七日

田坂広志

さらに学びを深めたい読者のために
―自著による読書案内―

本書で語った「人生の成功とは何か」というテーマを、さらに深く学びたいと思われる読者には、自著ながら、次の五冊の本を読まれることを勧めたい。

『未来を拓く君たちへ』（ＰＨＰ文庫）

この著書では、いかにして「死」を見つめるか、「死」を見つめることによって、何が起こるかを語った。

また、なぜ、我々は「使命感」や「志」を抱いて生きるのかについて、宇宙観や自然観、歴史観や世界観、人間観や人生観、労働観や死生観を交え、全編を「詩的メッセージ」の形式で語っている。そして、我々が「使命感」や「志」を抱いて生きるならば、①悔いの無い人生、②満たされた人生、③香りのある人生、④大いなる人生、⑤成長し続ける人生、という「五つの人生」が与えられることを述べている。

この著書は、英語とスペイン語にも翻訳され、世界中で読まれている。

『すべては導かれている』（文庫：ＰＨＰ研究所／単行本：小学館）

この著書は、人生を拓くための「五つの覚悟」とは何か、その覚悟を、いかに定めるかについて、筆者の様々な体験を交えて語ったものである。

特に、「シンクロニシティ」や「コンステレーション」を感じることによって、人生で与えられた出来事や出会いの「意味」を、どのように解釈するか、そのとき、「引き受け」という技法が、どのように役に立つか、様々な事例を交え、述べている。

また、この著書では、筆者が四〇年前に与えられた大病と「生死の体験」を紹介し、そこで、どのような「死生観」を定めたか、また、なぜ「死生観」を定めると、不思議なほど「良い運気」を引き寄せ、想像を超えた「才能開花」が起こるかについても語っている。

『人生で起こること　すべて良きこと』（ＰＨＰ研究所）
『逆境を越える「こころの技法」』（同書のＰＨＰ文庫版）

この著書は、様々な逆境が与えられる人生において、「究極のポジティブな想念」を、いかにして身につけるかについて、対話形式で語ったものである。

人生において、苦労や困難、失敗や敗北、挫折や喪失、病気や事故といった「逆境」に直面したとき、「人生で起こること、すべてに深い意味がある」「人生で出会う人、すべてに深い縁がある」と思い定めるならば、我々は、その体験を糧として、必ず、人間を磨き、成長していける。そして、もし、「人生で起こること、すべて良きこと」との覚悟を定めることができるならば、どのような「逆境」においても、必ず、道を拓いていける。

いかにして、その覚悟を定めるか、筆者の様々な体験を紹介しながら語っている。

『死は存在しない』（光文社新書）

この著書では、筆者は、原子物理学者の立場から、現代の最先端量子科学の世界で語られている「ゼロ・ポイント・フィールド仮説」を紹介するとともに、なぜ、人生において、直観や以心伝心、予感や予知、シンクロニシティやコンステレーションなどの不思議な体験が生じるのかを、この仮説を用いて合理的に説明している。

そして、現代科学は、死後の意識の存在を否定しているが、この仮説を敷衍《ふえん》すれば、死後にも、我々の意識の記録や記憶が「ゼロ・ポイント・フィールド」に残ること、そして、それが変容と成長を遂げていく可能性について述べている。

さらに、もし、この「ゼロ・ポイント・フィールド仮説」が科学的に証明されるならば、人類の歴史において、数百年間、対立するものと考えられてきた「宗教」と「科学」が統合され、そのとき、人類の新たな歴史が始まることを述べている。

「人生」を語る

『未来を拓く君たちへ』(PHP研究所)
『人生の成功とは何か』(PHP研究所)
『人生で起こること　すべて良きこと』(PHP研究所)
『逆境を越える「こころの技法」』(PHP研究所)
『すべては導かれている』(小学館、PHP研究所)
『運気を磨く』(光文社)

「仕事」を語る

『仕事の思想』(PHP研究所)
『なぜ、働くのか』(PHP研究所)
『仕事の報酬とは何か』(PHP研究所)

「成長」を語る

『知性を磨く』(光文社)　『人間を磨く』(光文社)
『直観を磨く』(講談社)
『人は、誰もが「多重人格」』(光文社)
『成長の技法』(PHP研究所)
『成長し続けるための77の言葉』(PHP研究所)
『知的プロフェッショナルへの戦略』(講談社)
『プロフェッショナル進化論』(PHP研究所)

「技法」を語る

『なぜ、時間を生かせないのか』(PHP研究所)
『仕事の技法』(講談社)
『意思決定 12の心得』(PHP研究所)
『経営者が語るべき「言霊」とは何か』(東洋経済新報社)
『ダボス会議に見る世界のトップリーダーの話術』(東洋経済新報社)
『企画力』(PHP研究所)　『営業力』(ダイヤモンド社)

主要著書

「思想」を語る

『死は存在しない』(光文社)
『生命論パラダイムの時代』(ダイヤモンド社)
『まず、世界観を変えよ』(英治出版)
『複雑系の知』(講談社)
『ガイアの思想』(生産性出版)
『使える弁証法』(東洋経済新報社)
『叡智の風』(IBCパブリッシング)
『深く考える力』(PHP研究所)

「未来」を語る

『未来を予見する「5つの法則」』(光文社)
『目に見えない資本主義』(東洋経済新報社)
『これから何が起こるのか』(PHP研究所)
『これから知識社会で何が起こるのか』(東洋経済新報社)
『これから日本市場で何が起こるのか』(東洋経済新報社)

「経営」を語る

『複雑系の経営』(東洋経済新報社)
『暗黙知の経営』(徳間書店)
『なぜ、マネジメントが壁に突き当たるのか』(PHP研究所)
『なぜ、我々はマネジメントの道を歩むのか』(PHP研究所)
『こころのマネジメント』(東洋経済新報社)
『ひとりのメールが職場を変える』(英治出版)
『まず、戦略思考を変えよ』(ダイヤモンド社)
『これから市場戦略はどう変わるのか』(ダイヤモンド社)
『運気を引き寄せるリーダー　七つの心得』(光文社)

著者情報

田坂塾への入塾

思想、ビジョン、志、戦略、戦術、技術、人間力という
「7つの知性」を垂直統合した
「21世紀の変革リーダー」への成長をめざす場
「田坂塾」への入塾を希望される方は
下記のサイト、もしくは、メールアドレスへ

http://hiroshitasaka.jp/tasakajuku/
(「田坂塾」で検索を)
tasakajuku@hiroshitasaka.jp

田坂塾大学への訪問

田坂広志の過去の著作や著書、講演や講話をアーカイブした
「田坂塾大学」は、広く一般に公開されています。訪問は、下記より

http://hiroshitasaka.jp/college/
(「田坂塾大学」で検索を)

「風の便り」の配信

著者の定期メール「風の便り」の配信を希望される方は
下記「未来からの風フォーラム」のサイトへ

http://hiroshitasaka.jp/
(「未来からの風」で検索を)

講演やラジオ番組の視聴

著者の講演やラジオ番組を視聴されたい方は
「田坂広志　公式チャンネル」のサイトへ
(「田坂広志　YouTube」で検索を)

著者略歴

田坂広志（たさかひろし）

1951年生まれ。1974年、東京大学工学部卒業。
1981年、東京大学大学院修了。工学博士（原子力工学）。
同年、民間企業入社。
1987年、米国シンクタンク、バテル記念研究所客員研究員。
同年、米国パシフィック・ノースウェスト国立研究所客員研究員。
1990年、日本総合研究所の設立に参画。
10年間に、延べ702社とともに、20の異業種コンソーシアムを設立。
ベンチャー企業育成と新事業開発を通じて
民間主導による新産業創造に取り組む。
取締役・創発戦略センター所長等を歴任。現在、同研究所フェロー。
2000年、多摩大学大学院教授に就任。社会起業家論を開講。現名誉教授。
同年、シンクタンク・ソフィアバンクを設立。代表に就任。
2005年、米国ジャパン・ソサエティより、日米イノベーターに選ばれる。
2008年、ダボス会議を主催する世界経済フォーラムの
Global Agenda Councilのメンバーに就任。
2009年より、ＴＥＤメンバーとして、毎年、ＴＥＤ会議に出席。
2010年、ダライ・ラマ法王14世、デズモンド・ツツ元大主教、
ムハマド・ユヌス博士、ミハイル・ゴルバチョフ元大統領ら、
４人のノーベル平和賞受賞者が名誉会員を務める
世界賢人会議・ブダペストクラブの日本代表に就任。
2011年、東日本大震災と福島原発事故に伴い、内閣官房参与に就任。
2013年、思想、ビジョン、志、戦略、戦術、技術、人間力という
「７つの知性」を垂直統合した
「２１世紀の変革リーダー」への成長をめざす場、「田坂塾」を開塾。
現在、全国から8000名を超える経営者やリーダーが集まっている。
2021年、田坂広志の過去の著作や著書、講演や講話をアーカイブした
「田坂塾大学」を開学。広く一般に公開している。
2023年、学校法人 ２１世紀アカデメイアの学長に就任。
著書は、国内外で100冊余。海外でも旺盛な出版・講演活動を行っている。

本書をお読み頂き、有り難うございました。
このご縁に感謝いたします。

お時間があれば、
本書の感想や著者へのメッセージを、
お送り頂ければ幸いです。

下記の個人アドレスか、ＱＲコードから、
メッセージを、お送りください。

小生が、直接、拝読いたします。

田坂広志　拝

tasaka@hiroshitasaka.jp

本書は、2005年７月にＰＨＰエディターズ・グループから刊行された
作品に、加筆・修正を加え、文庫化したものです。

PHP文庫　人生の成功とは何か
最期の一瞬に問われるもの

2024年3月15日　第1版第1刷

著　者　田坂広志
発行者　永田貴之
発行所　株式会社ＰＨＰ研究所
東京本部　〒135-8137　江東区豊洲5-6-52
ビジネス・教養出版部　☎03-3520-9617(編集)
普及部　☎03-3520-9630(販売)
京都本部　〒601-8411　京都市南区西九条北ノ内町11

PHP INTERFACE　https://www.php.co.jp/

制作協力
組　版　株式会社PHPエディターズ・グループ

印刷所　株式会社光邦
製本所　東京美術紙工協業組合

ISBN978-4-569-90401-6

田坂広志の本

すべては導かれている

逆境を越え、人生を拓く　五つの覚悟

田坂広志　著

いかなる逆境においても、この五つの覚悟を定めるならば、必ず、逆境を越える力と叡智が湧き上がり、強い運気を引き寄せる。生死の体験を通じて掴んだ、迫真の思想。